硬筆鈔經本

# 金剛經

我的祈願祝福

恭書

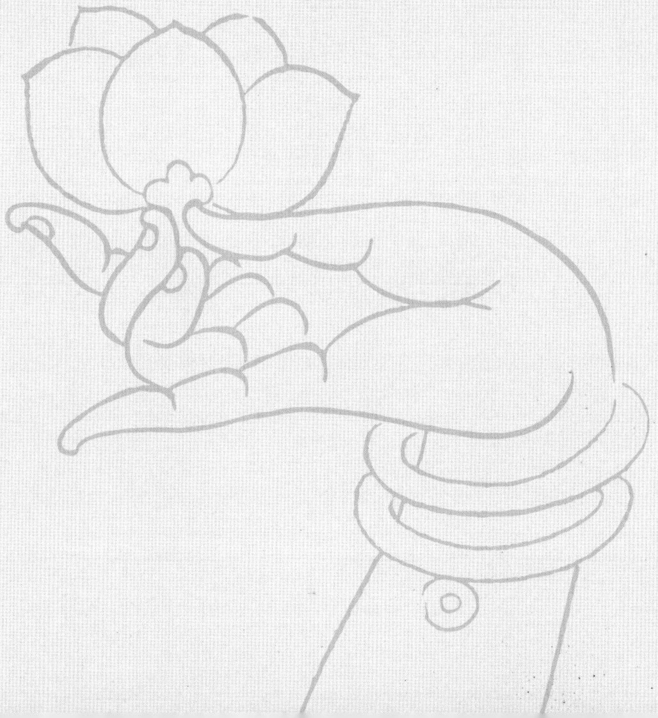

U0119111

# 鈔經的意義

聖嚴法師

我們在大乘經典之中都會看到，諸佛菩薩鼓勵並讚歎受持、讀誦、書寫、禮拜，以及為他人說佛經的無量功德。「書寫」佛經的目的有二：

一、為了流通傳布佛經，分享更多的人，傳承更久的時間。由於古代的印刷術未發達，佛經的流布，都以手抄寫。印度以及南傳地區，有以貝葉寫經或律者；中國古代的佛經，多用手抄於紙卷之上，故爾留下了敦煌寶藏中的大量佛經手抄本。在北京的房山，則藏有大量的石刻藏經，也是為了能將佛經保留在石窟以及地宮中，傳之於後世，以免遇到毀佛滅釋的法難之後，佛經還不致在這世間失傳。

二、為了加強記憶印象。抄寫佛經，比讀誦佛經的功效更大，一遍又一遍的抄寫之後，縱然不能舌燦蓮華，也能漸漸地跟所抄的經義身心相應，化合為一。

若以今天印刷術之快速精美而言，佛經似乎已經不必用手抄寫了。尤其是在《大藏經》電子數位化之後，一片小而薄的光碟，就能容納整部藏經，要查任何一部經，進入電腦，便隨手可得；或者只要進入電腦網絡，找到提供藏經的網站，手指一按，便能得到你所要的佛經。

那麼，我們是否還鼓勵大家書寫佛經？答案是：「是的。」目前法鼓山就在鼓勵並推動寫經修行，它的功能有二：

一、加強記憶，抄寫一遍，勝過閱讀十遍。

二、起恭敬心，每次提筆鈔經，均宜沐手焚香，甚至先行頂禮三拜，因為見經即見法，見法即見佛，見佛之時心必調柔清淨，鈔經之時，專念一意，如面對佛，所以等於聞佛說法，也由於凝心專注，即等於修習禪定。

抄寫完成的經典，可以留作紀念，若字跡美好，亦可分贈他人結善緣；如果抄得太多，字跡又不怎麼好，可以焚化掉，或焚香頂禮之後，送去回收再生。

# 《金剛經》題解

聖嚴法師

《金剛經》全名為《金剛般若波羅蜜經》。這裡所指的金剛，是指能破一切，卻不受任何東西影響，這就是空，也就是《金剛經》中所說的「無相」。這部經闡釋般若智慧，而般若智慧強大的力量就像金剛一樣，所以這部經亦稱為《金剛般若波羅蜜經》。

《金剛經》全經的要義是什麼呢？就是：心有所住，即離無上菩提之心；心能降伏，即是無上菩提之心。《金剛經》的目的就是要我們發無上菩提心，成無上菩提果，如何發？如何成？必得先將心降伏；如何降伏？必須「心無所住」。住的意思是執著，心裡有罣礙、很在乎，如果心頭不牽不掛，就叫「不住」。

想要達到「心無所住」的境界，的確很不容易。以下舉經文中的三段，來進一步說明。

**一、「云何應住？云何降伏其心？」「菩薩於法，應無所住，行於布施。」**

前一句是須菩提尊者所問的，意思是：我們的心都有煩惱、執著，請問世尊，究竟有什麼辦法能夠降伏這個有住的心，使它不會隨時受環境影響而起煩惱呢？後面那句是釋迦牟尼佛回答他：菩薩在行布施、做好事的時候，心不能起執著，如此便能降伏煩惱心，就可以達到「心無所住」的目的。

煩惱和執著，都是我們和外在的人或眾生、環境接觸以後才產生的，想要不起煩惱，就不能把人和人之間的關係，當成真實不變的；但若僅止於此，認為反正人與人之間的互動都是假的、不實在的、無常的，就不和外界環境有任何接觸，這會變得很消極，這樣也不對，這不是真正的菩薩行者。

真正的菩薩行者，會與他人保持接觸，但是不會把這些關係牢牢地牽掛在心上，這才是真工夫。

**二、「諸菩薩摩訶薩應如是生清淨心；不應住色生心，不應住聲、香、味、觸、法生心。應無所住，而生其心。」**

這一段是《金剛經》精要中的精要。整段話的意思是：有大功德的菩薩們，應該要有智慧心、清淨心，做了布施功德之後，心裡不要想到有色、聲、香、味、觸、法的六塵；如能不執著，便能生智慧心，也就是無住的心。

當我們的六根接觸外境時會產生種種反應，面對這些反應，心中不受影響，不留下任何痕跡，這就是「無住」。

因此，如果心如虛空，任何事情經過以後，心裡不留痕跡，心中不罣礙，沒有煩惱，就是「無住」。禪宗強調智慧，《金剛經》講的便是般若智慧，所以「無住」並不等於是無知無覺，而是不執著、無罣礙、自由自在。無住的心不但能夠照常運作，而且它的功能和反應遠比一般心中有執著、有煩惱的人，還要更清楚、更活潑。

三、**「發阿耨多羅三藐三菩提心，應云何住？云何降伏其心？」「佛告須菩提……當生如是心，我應滅度一切眾生，滅度一切眾生已，而無有一眾生實滅度者。」**

這一段是前面兩段的重複說明，再一次告訴我們：想成佛、發菩提心的人，應該先知道什麼叫作「住」。「住」就是我們的煩惱心、執著心，了解這個煩惱心之後，經典便告訴我們如何降伏它。因此下面接著告訴我們：「當生如是心……。」心還是要有，但是要生什麼樣的心呢？生智慧心，以智慧心行財布施、法布施、無畏布施，幫助一切眾生離苦得樂，從生死的此岸，到達不生不死的彼岸，這就叫作「滅度」。

「滅」就是滅苦，「度」是超度的意思，使得一切眾生的苦滅了，得到超度；超度一切眾生之後，心中不會念念不忘是否超度了任何一個眾生，這就是「無住」，也叫作「不住」。

佛經不是僅供信仰持誦的，更當「如說修行」，應用於每一個人的日常生活之中。《金剛經》雖是佛法中的最高境界，如果能把修行經驗的層次釐清，也不難發現其切入現實生活的著力點了。

（文章摘錄整理自聖嚴法師著作《金剛經講記》、《福慧自在》）

**鈔經前**

一、洗淨雙手。二、端身正坐。三、收攝身、口、意。

南無本師釋迦牟尼佛

開經偈

無上甚深微妙法
百千萬劫難遭遇
我今見聞得受持
願解如來真實義

# 金剛般若波羅蜜經

姚秦三藏法師鳩摩羅什譯

法會因由分第一

如是我聞。一時佛在舍衛國。祇樹給孤獨園。與大比丘眾。千二百五十人俱。爾時世尊。食時。著衣持鉢。入舍衛大城乞食。於其城中。次第乞已。還至本處。飯食訖。收衣鉢。洗足已。敷座而坐。

## 善現啟請分第二

時。長老須菩提。在大眾中。即從座起。偏袒右肩。右膝著地。合掌恭敬。而白佛言。希有世尊。如来善護念諸菩薩。善付囑諸菩薩。世尊。善男子善女人。

發阿耨多羅三藐三菩提心。云何應
住。云何降伏其心。佛言。善哉善哉。須
菩提。如汝所說。如來善護念諸菩薩。
善付囑諸菩薩。汝今諦聽。當為汝說。
善男子善女人。發阿耨多羅三藐三
菩提心。應如是住。如是降伏其心。唯
然。世尊。願樂欲聞。

## 大乘正宗分第三

佛告須菩提。諸菩薩摩訶薩。應如是降伏其心。所有一切眾生之類。若卵生。若胎生。若濕生。若化生。若有色。若無色。若有想。若無想。若非有想非無想。我皆令入無餘涅槃而滅度之。如是滅度無量無數無邊眾生。實無眾生得滅度者。何以故。須菩提。若菩薩有我相。人相。眾生相。壽者相。即非菩薩。

## 妙行無住分第四

復次。須菩提。菩薩於法。應無所住。行於布施。所謂不住色布施。不住聲香味觸法布施。須菩提。菩薩應如是布施。不住於相。何以故。若菩薩不住相布施。其福德不可思量。須菩提。於意云何。東方虛空。可思量不。不也。世尊。須菩提。南西北方。四維上下虛空。可思量不。不也。世尊。須菩提。菩薩無住相布施。福德亦復如是。不可思量。須菩提。菩薩但應如所教住。

如理實見分第五

須菩提。於意云何。可以身相見如来不。不也。世尊。不可以身相得見如來。何以故。如来所説身相。即非身相。佛告須菩提。凡所有相。皆是虛妄。若見諸相非相。即見如來。

正信希有分第六

須菩提白佛言。世尊。頗有眾生。得聞如是言說章句。生實信不。佛告須菩提。莫作是說。如來滅後。後五百歲。有持戒修福者。於此章句。能生信心。以此為實。當知是人。不於一佛二佛三四五佛而種善根。已於無量千萬佛所。種諸善根。聞是章句。乃至一念生淨信者。須菩提。如來悉知悉見。是諸眾生。得如是無量福德。何以故。是諸眾生。無復我相。人相。眾生相。壽者相。無法相。亦無非法相。何以故。是諸眾生。若心取相。即為著我人眾生壽者。若取法相。即著我人眾生壽者。何以故。若取非法相。即著我人眾生壽者。

是故不應取法。不應取非法。以是義
故。如来常說。汝等比丘。知我說法。如
筏諭者。法尚應捨。何況非法。

無得無說分第七

須菩提。於意云何。如來得阿耨多羅
三藐三菩提耶。如来有所說法耶。須
菩提言。如我解佛所說義。無有定法。

名阿耨多羅三藐三菩提。亦無有定法。如來可說。何以故。如来所說法。皆不可取。不可說。非法。非非法。所以者何。一切賢聖。皆以無為法。而有差別。

依法出生分第八

須菩提。於意云何。若人滿三千大千世界七寶。以用布施。是人所得福德。

寧為多不。須菩提言。甚多。世尊。何以
故。是福德。即非福德性。是故如來說
福德多。若復有人。於此經中受持。乃
至四句偈等。為他人說。其福勝彼。何
以故。須菩提。一切諸佛。及諸佛阿耨
多羅三藐三菩提法。皆從此經出。須
菩提。所謂佛法者。即非佛法。是名佛

法。

## 一相無相分第九

須菩提。於意云何。須陀洹能作是念。我得須陀洹果不。須菩提言。不也。世尊。何以故。須陀洹名為入流。而無所入。不入色聲香味觸法。是名須陀洹。須菩提。於意云何。斯陀含能作是念。

我得斯陀含果不。須菩提言。不也。世尊。何以故。斯陀含名一往來。而實無往來。是名斯陀含。須菩提。於意云何。阿那含能作是念。我得阿那含果不。須菩提言。不也。世尊。何以故。阿那含名為不來。而實無不來。是故名阿那含。須菩提。於意云何。阿羅漢能作是念。我得阿羅漢道不。須菩提言。不也。
世尊。何以故。實無有法。名阿羅漢。世
尊。若阿羅漢作是念。我得阿羅漢道。
即為着我人眾生壽者。世尊。佛說我
得無諍三昧。人中最為第一。是第一
離欲阿羅漢。世尊。我不作是念。我是
離欲阿羅漢。世尊。我若作是念。我得

阿羅漢道。世尊則不說須菩提是樂阿蘭那行者。以須菩提實無所行。而名須菩提。是樂阿蘭那行。

## 莊嚴淨土分第十

佛告須菩提。於意云何。如來昔在燃燈佛所。於法有所得不。不也。世尊。如來在燃燈佛所。於法實無所得。須菩提。於意云何。菩薩莊嚴佛土不。不也。
世尊。何以故。莊嚴佛土者。即非莊嚴。
是名莊嚴。是故須菩提。諸菩薩摩訶
薩。應如是生清淨心。不應住色生心。
不應住聲香味觸法生心。應無所住。
而生其心。須菩提。譬如有人。身如須
彌山王。於意云何。是身為大不。須菩

提言。甚大。世尊。何以故。佛說非身。是名大身。

## 無為福勝分第十一

須菩提。如恆河中所有沙數。如是沙等恆河。於意云何。是諸恆河沙。寧為多不。須菩提言。甚多。世尊。但諸恆河尚多無數。何況其沙。須菩提。我今實言告汝。若有善男子善女人。以七寶滿爾所恆河沙數三千大千世界。以用布施。得福多不。須菩提言。甚多。世尊。佛告須菩提。若善男子善女人。於此經中。乃至受持四句偈等。為他人說。而此福德。勝前福德。

尊重正教分第十二

復次。須菩提。隨說是經。乃至四句偈
等。當知此處。一切世間天人阿修羅。
皆應供養。如佛塔廟。何況有人。盡能
受持讀誦。須菩提。當知是人。成就最
上第一希有之法。若是經典所在之
處。即為有佛。若尊重弟子。

如法受持分第十三

爾時須菩提白佛言。世尊。當何名此
經。我等云何奉持。佛告須菩提。是経
名為金剛般若波羅蜜。以是名字。汝
當奉持。所以者何。須菩提。佛說般若
波羅蜜。即非般若波羅蜜。是名般若
波羅蜜。須菩提。於意云何。如来有所
說法不。須菩提白佛言。世尊。如來無

所說。須菩提。於意云何。三千大千世
界所有微塵。是為多不。須菩提言。甚
多。世尊。須菩提。諸微塵。如来說非微
塵。是名微塵。如來說世界。非世界。是
名世界。須菩提。於意云何。可以三十
二相見如来不。不也。世尊。不可以三
十二相得見如來。何以故。如來說三

十二相。即是非相。是名三十二相。須菩提。若有善男子善女人。以恆河沙等身命布施。若復有人。於此經中。乃至受持四句偈等。為他人說。其福甚多。

離相寂滅分第十四

爾時須菩提。聞說是經。深解義趣。涕

淚悲泣。而白佛言。希有世尊。佛說如
是甚深經典。我從昔來所得慧眼。未
曾得聞如是之經。世尊。若復有人。得
聞是經。信心清淨。即生實相。當知是
人。成就第一希有功德。世尊。是實相
者。即是非相。是故如来說名實相。世
尊。我今得聞如是経典。信解受持。不

足為難。若當来世。後五百歲。其有眾
生。得聞是經。信解受持。是人即為第
一希有。何以故。此人無我相。無人相。
無眾生相。無壽者相。所以者何。我相
即是非相。人相眾生相壽者相。即是
非相。何以故。離一切諸相。即名諸佛。
佛告須菩提。如是如是。若復有人。得

聞是經。不驚不怖不畏。當知是人。甚
為希有。何以故。須菩提。如來說第一
波羅蜜。即非第一波羅蜜。是名第一
波羅蜜。須菩提。忍辱波羅蜜。如來說
非忍辱波羅蜜。是名忍辱波羅蜜。何
以故。須菩提。如我昔為歌利王割截
身體。我於爾時。無我相。無人相。無眾

生相。無壽者相。何以故。我於往昔節
節支解時。若有我相。人相。眾生相。壽
者相。應生瞋恨。須菩提。又念過去於
五百世。作忍辱仙人。於爾所世。無我
相。無人相。無眾生相。無壽者相。是故
須菩提。菩薩應離一切相。發阿耨多
羅三藐三菩提心。不應住色生心。不

應住聲香味觸法生心。應生無所住心。若心有住。即為非住。是故佛說菩薩心。不應住色布施。須菩提。菩薩為利益一切眾生故。應如是布施。如來說一切諸相。即是非相。又說一切眾生。即非眾生。須菩提。如來是真語者。實語者。如語者。不誑語者。不異語者。

須菩提。如来所得法。此法無實無虛。
須菩提。若菩薩心住於法而行布施。
如人入闇。即無所見。若菩薩心不住
法而行布施。如人有目。日光明照。見
種種色。須菩提。當來之世。若有善男
子善女人。能於此經受持讀誦。即為
如来。以佛智慧。悉知是人。悉見是人。

皆得成就無量無邊功德。

## 持經功德分第十五

須菩提。若有善男子善女人。初日分以恆河沙等身布施。中日分復以恆河沙等身布施。後日分亦以恆河沙等身布施。如是無量百千萬億劫。以身布施。若復有人。聞此經典。信心不逆。其福勝彼。何況書寫受持讀誦。為人解說。須菩提。以要言之。是經有不可思議。不可稱量。無邊功德。如來為發大乘者說。為發最上乘者說。若有人能受持讀誦。廣為人說。如來悉知是人。悉見是人。皆得成就不可量。不可稱。無有邊。不可思議功德。如是人

等。即為荷擔如來阿耨多羅三藐三
菩提。何以故。須菩提。若樂小法者。著
我見人見眾生見壽者見。即於此經。
不能聽受讀誦。為人解說。須菩提。在
在處處。若有此經。一切世間天人阿
修羅。所應供養。當知此處。即為是塔。
皆應恭敬。作禮圍繞。以諸華香而散

其處。

## 能淨業障分第十六

復次。須菩提。善男子善女人。受持讀誦此經。若為人輕賤。是人先世罪業。應墮惡道。以今世人輕賤故。先世罪業。即為消滅。當得阿耨多羅三藐三菩提。須菩提。我念過去無量阿僧祇

劫。於燃燈佛前。得值八百四千萬億
那由他諸佛。悉皆供養承事。無空過
者。若復有人。於後末世。能受持讀誦
此經。所得功德。於我所供養諸佛功
德。百分不及一。千萬億分。乃至算數
譬諭所不能及。須菩提。若善男子善
女人。於後末世。有受持讀誦此經。所

得功德。我若具說者。或有人聞。心即狂亂。狐疑不信。須菩提。當知是經義。不可思議。果報亦不可思議。

究竟無我分第十七

爾時須菩提白佛言。世尊。善男子善女人。發阿耨多羅三藐三菩提心。云何應住。云何降伏其心。佛告須菩提。

善男子善女人。發阿耨多羅三藐三菩提心者。當生如是心。我應滅度一切眾生。滅度一切眾生已。而無有一眾生實滅度者。何以故。須菩提。若菩薩有我相人相眾生相壽者相。即非菩薩。所以者何。須菩提。實無有法。發阿耨多羅三藐三菩提心者。須菩提。

於意云何。如來於燃燈佛所。有法得
阿耨多羅三藐三菩提不。不也。世尊。
如我解佛所說義。佛於燃燈佛所。無
有法得阿耨多羅三藐三菩提。佛言。
如是如是。須菩提。實無有法。如來得
阿耨多羅三藐三菩提。須菩提。若有
法。如來得阿耨多羅三藐三菩提者。

燃燈佛即不與我授記。汝於來世。當
得作佛。號釋迦牟尼。以實無有法。得
阿耨多羅三藐三菩提。是故燃燈佛
與我授記。作是言。汝於來世。當得作
佛。號釋迦牟尼。何以故。如来者。即諸
法如義。若有人言。如来得阿耨多羅
三藐三菩提。須菩提。實無有法。佛得

阿耨多羅三藐三菩提。須菩提。如來
所得阿耨多羅三藐三菩提。於是中
無實無虛。是故如来說一切法。皆是
佛法。須菩提。所言一切法者。即非一
切法。是故名一切法。須菩提。譬如人
身長大。須菩提言。世尊。如来說人身
長大。即為非大身。是名大身。須菩提。

菩薩亦如是。若作是言。我當滅度無
量眾生。即不名菩薩。何以故。須菩提。
實無有法。名為菩薩。是故佛說一切
法。無我無人無眾生無壽者。須菩提。
若菩薩作是言。我當莊嚴佛土。是不
名菩薩。何以故。如來說莊嚴佛土者。
即非莊嚴。是名莊嚴。須菩提。若菩薩

通達無我法者。如來說名真是菩薩。

一體同觀分第十八

須菩提。於意云何。如來有肉眼不。如
是。世尊。如來有肉眼。須菩提。於意云
何。如來有天眼不。如是。世尊。如來有
天眼。須菩提。於意云何。如來有慧眼
不。如是。世尊。如來有慧眼。須菩提。於

意云何。如來有法眼不。如是。世尊。如
來有法眼。須菩提。於意云何。如來有
佛眼不。如是。世尊。如來有佛眼。須菩
提。於意云何。如恆河中所有沙。佛說
是沙不。如是。世尊。如來說是沙。須菩
提。於意云何。如一恆河中所有沙。有
如是沙等恆河。是諸恆河所有沙數。

佛世界如是。寧為多不。甚多。世尊。佛告須菩提。爾所國土中。所有眾生。若干種心。如來悉知。何以故。如來說諸心。皆為非心。是名為心。所以者何。須菩提。過去心不可得。現在心不可得。未來心不可得。

法界通化分第十九

須菩提。於意云何。若有人滿三千大千世界七寶。以用布施。是人以是因緣。得福多不。如是。世尊。此人以是因緣。得福甚多。須菩提。若福德有實。如来不說得福德多。以福德無故。如來說得福德多。

## 離色離相分第二十

須菩提。於意云何。佛可以具足色身
見不。不也。世尊。如來不應以具足色
身見。何以故。如来說具足色身。即非
具足色身。是名具足色身。須菩提。於
意云何。如來可以具足諸相見不。不
也。世尊。如来不應以具足諸相見。何
以故。如來說諸相具足。即非具足。是

名諸相具足。

非說所說分第二十一

須菩提。汝勿謂如来作是念。我當有所說法。莫作是念。何以故。若人言如來有所說法。即為謗佛。不能解我所說故。須菩提。說法者。無法可說。是名說法。爾時慧命須菩提白佛言。世尊。

頗有眾生。於未來世。聞說是法。生信心不。佛言。須菩提。彼非眾生。非不眾生。何以故。須菩提。眾生眾生者。如来說非眾生。是名眾生。

無法可得分第二十二

須菩提白佛言。世尊。佛得阿耨多羅三藐三菩提。為無所得耶。佛言。如是

如是。須菩提。我於阿耨多羅三藐三
菩提。乃至無有少法可得。是名阿耨
多羅三藐三菩提。

淨心行善分第二十三

復次。須菩提。是法平等。無有高下。是
名阿耨多羅三藐三菩提。以無我無
人無眾生無壽者。修一切善法。即得

阿耨多羅三藐三菩提。須菩提。所言善法者。如來說即非善法。是名善法。

福智無比分第二十四

須菩提。若三千大千世界中。所有諸須彌山王。如是等七寶聚。有人持用布施。若人以此般若波羅蜜經。乃至四句偈等。受持讀誦。為他人說。於前福德。百分不及一。百千萬億分。乃至算數譬諭所不能及。

化無所化分第二十五

須菩提。於意云何。汝等勿謂如來作是念。我當度眾生。須菩提。莫作是念。何以故。實無有眾生如來度者。若有眾生如來度者。如來即有我人眾生壽者。須菩提。如來說有我者。即非有我。而凡夫之人。以為有我。須菩提。凡夫者。如來說即非凡夫。是名凡夫。

## 法身非相分第二十六

須菩提。於意云何。可以三十二相觀如來不。須菩提言。如是如是。以三十二相觀如來。佛言。須菩提。若以三十二相觀如來者。轉輪聖王。即是如來。須菩提白佛言。世尊。如我解佛所說義。不應以三十二相觀如來。爾時世尊而說偈言。若以色見我。以音聲求我。是人行邪道。不能見如來。

## 無斷無滅分第二十七

須菩提。汝若作是念。如來不以具足

相故。得阿耨多羅三藐三菩提。須菩
提。莫作是念。如來不以具足相故。得
阿耨多羅三藐三菩提。須菩提。汝若
作是念。發阿耨多羅三藐三菩提心
者。說諸法斷滅。莫作是念。何以故。發
阿耨多羅三藐三菩提心者。於法不
說斷滅相。

## 不受不貪分第二十八

須菩提。若菩薩以滿恆河沙等世界七寶。持用布施。若復有人。知一切法無我。得成於忍。此菩薩勝前菩薩所得功德。何以故。須菩提。以諸菩薩不受福德故。須菩提白佛言。世尊。云何菩薩不受福德。須菩提。菩薩所作福德。不應貪著。是故說不受福德。

## 威儀寂淨分第二十九

須菩提。若有人言。如來若来若去。若坐若臥。是人不解我所說義。何以故。如来者。無所從来。亦無所去。故名如來。

## 一合理相分第三十

須菩提。若善男子善女人。以三千大千世界。碎為微塵。於意云何。是微塵眾。寧為多不。須菩提言。甚多。世尊。何以故。若是微塵眾實有者。佛即不說是微塵眾。所以者何。佛說微塵眾。即非微塵眾。是名微塵眾。世尊。如來所說三千大千世界。即非世界。是名世界。何以故。若世界實有者。即是一合相。如來說一合相。即非一合相。是名一合相。須菩提。一合相者。即是不可說。但凡夫之人。貪著其事。

知見不生分第三十一

須菩提。若人言。佛說我見人見眾生見壽者見。須菩提。於意云何。是人解

我所說義不。不也。世尊。是人不解如
來所說義。何以故。世尊說我見人見
眾生見壽者見。即非我見人見眾生
見壽者見。是名我見人見眾生見壽
者見。須菩提。發阿耨多羅三藐三菩
提心者。於一切法。應如是知。如是見。
如是信解。不生法相。須菩提。所言法

相者。如來說即非法相。是名法相。

應化非真分第三十二

須菩提。若有人以滿無量阿僧祇世界七寶。持用布施。若有善男子善女人。發菩提心者。持於此經。乃至四句偈等。受持讀誦。為人演說。其福勝彼。云何為人演說。不取於相。如如不動。

何以故。一切有為法。如夢幻泡影。如露亦如電。應作如是觀。

佛說是經已。長老須菩提。及諸比丘。比丘尼。優婆塞。優婆夷。一切世間。天人阿修羅。聞佛所說。皆大歡喜。信受奉行。

迴向偈

願消三障諸煩惱
願得智慧真明了
普願罪障悉消除
世世常行菩薩道

南無本師釋迦牟尼佛

開經偈

無上甚深微妙法
百千萬劫難遭遇
我今見聞得受持
願解如來真實義

金剛般若波羅蜜經

姚秦三藏法師鳩摩羅什譯

法會因由分第一

如是我聞。一時佛在舍衛國。祇樹給
孤獨園。與大比丘眾。千二百五十人
俱。爾時世尊。食時。著衣持鉢。入舍衛
大城乞食。於其城中。次第乞已。還至

本處飯食訖。收衣鉢。洗足已。敷座而
坐。

善現啟請分第二

時。長老須菩提。在大眾中。即從座起。
偏袒右肩。右膝著地。合掌恭敬。而白
佛言。希有世尊。如来善護念諸菩薩。
善付囑諸菩薩。世尊。善男子善女人。

發阿耨多羅三藐三菩提心。云何應
住云何降伏其心佛言。善哉善哉。須
菩提。如汝所說。如來善護念諸菩薩。
善付囑諸菩薩。汝今諦聽。當為汝說。
善男子善女人。發阿耨多羅三藐三
菩提心。應如是住。如是降伏其心。唯
然。世尊。願樂欲聞。

## 大乘正宗分第三

佛告須菩提。諸菩薩摩訶薩。應如是降伏其心。所有一切眾生之類。若卵生。若胎生。若濕生。若化生。若有色。若無色。若有想。若無想。若非有想非無想。我皆令入無餘涅槃而滅度之。如是滅度無量無數無邊眾生。實無眾

生得滅度者。何以故。須菩提。若菩薩
有我相。人相。眾生相。壽者相。即非菩
薩。

妙行無住分第四

復次。須菩提。菩薩於法。應無所住。行
於布施。所謂不住色布施。不住聲香
味觸法布施。須菩提。菩薩應如是布

施。不住於相。何以故。若菩薩不住相
布施。其福德不可思量。須菩提。於意
云何。東方虛空。可思量不。不也。世尊。
須菩提。南西北方。四維上下虛空。可
思量不。不也。世尊。須菩提。菩薩無住
相布施。福德亦復如是。不可思量。須
菩提。菩薩但應如所教住。

如理實見分第五

須菩提。於意云何。可以身相見如來

不。不也。世尊。不可以身相得見如來。

何以故。如來所說身相。即非身相。佛

告須菩提。凡所有相。皆是虛妄。若見

諸相非相。即見如來。

正信希有分第六

須菩提白佛言。世尊。頗有眾生。得聞
如是言說章句。生實信不。佛告須菩
提。莫作是說。如來滅後。後五百歲。有
持戒修福者。於此章句。能生信心。以
此為實。當知是人。不於一佛二佛三
四五佛而種善根。已於無量千萬佛
所。種諸善根。聞是章句。乃至一念生

淨信者。須菩提。如來悉知悉見。是諸
眾生。得如是無量福德。何以故。是諸
眾生。無復我相。人相。眾生相。壽者相。
無法相。亦無非法相。何以故。是諸眾
生。若心取相。即為著我人眾生壽者。
若取法相。即著我人眾生壽者。何以
故。若取非法相。即著我人眾生壽者。

是故不應取法。不應取非法。以是義
故。如来常說。汝等比丘。知我說法。如
筏諭者。法尚應捨。何況非法。
無得無說分第七
須菩提。於意云何。如來得阿耨多羅
三藐三菩提耶。如来有所說法耶。須
菩提言。如我解佛所說義。無有定法。

名阿耨多羅三藐三菩提。亦無有定
法。如來可說。何以故。如來所說法。皆
不可取。不可說。非法。非非法。所以者
何。一切賢聖。皆以無為法。而有差別。
依法出生分第八
須菩提。於意云何。若人滿三千大千
世界七寶。以用布施。是人所得福德。

寧為多不。須菩提言。甚多。世尊。何以
故。是福德。即非福德性。是故如來說
福德多。若復有人。於此經中受持。乃
至四句偈等。為他人說。其福勝彼。何
以故。須菩提。一切諸佛。及諸佛阿耨
多羅三藐三菩提法。皆從此經出。須
菩提。所謂佛法者。即非佛法。是名佛

法。

一相無相分第九

須菩提。於意云何。須陀洹能作是念。
我得須陀洹果不。須菩提言。不也。世
尊。何以故。須陀洹名為入流。而無所
入。不入色聲香味觸法。是名須陀洹。
須菩提。於意云何。斯陀含能作是念。

我得斯陀含果不。須菩提言。不也。世
尊。何以故。斯陀含名一往來。而實無
往來。是名斯陀含。須菩提。於意云何。
阿那含能作是念。我得阿那含果不。
須菩提言。不也。世尊。何以故。阿那含
名為不來。而實無不來。是故名阿那
含。須菩提。於意云何。阿羅漢能作是

念。我得阿羅漢道不。須菩提言。不也。
世尊。何以故。實無有法。名阿羅漢。世
尊。若阿羅漢作是念。我得阿羅漢道。
即為著我人眾生壽者。世尊。佛說我
得無諍三昧。人中最為第一。是第一
離欲阿羅漢。世尊。我不作是念。我是
離欲阿羅漢。世尊。我若作是念。我得

阿羅漢道。世尊則不說須菩提是樂
阿蘭那行者。以須菩提實無所行。而
名須菩提。是樂阿蘭那行。
莊嚴淨土分第十
佛告須菩提。於意云何。如來昔在燃
燈佛所。於法有所得不。不也。世尊。如
來在燃燈佛所。於法實無所得。須菩

提。於意云何。菩薩莊嚴佛土不。不也。
世尊。何以故。莊嚴佛土者。即非莊嚴。
是名莊嚴。是故須菩提。諸菩薩摩訶
薩。應如是生清淨心。不應住色生心。
不應住聲香味觸法生心。應無所住。
而生其心。須菩提。譬如有人。身如須
彌山王。於意云何。是身為大不。須菩

提言。甚大。世尊。何以故。佛說非身。是名大身。

無為福勝分第十一

須菩提。如恆河中所有沙數。如是沙等恆河。於意云何。是諸恆河沙。寧為多不。須菩提言。甚多。世尊。但諸恆河尚多無數。何況其沙。須菩提。我今實

言告汝。若有善男子善女人。以七寶
滿爾所恆河沙數三千大千世界。以
用布施。得福多不。須菩提言。甚多。世
尊。佛告須菩提。若善男子善女人。於
此經中。乃至受持四句偈等。為他人
說。而此福德。勝前福德。
尊重正教分第十二

復次。須菩提。隨說是經。乃至四句偈等。當知此處。一切世間天人阿修羅。皆應供養。如佛塔廟。何況有人。盡能受持讀誦。須菩提。當知是人。成就最上第一希有之法。若是經典所在之處。即為有佛。若尊重弟子。

如法受持分第十三

爾時須菩提白佛言。世尊。當何名此
經。我等云何奉持。佛告須菩提。是經
名為金剛般若波羅蜜。以是名字。汝
當奉持。所以者何。須菩提。佛說般若
波羅蜜即非般若波羅蜜。是名般若
波羅蜜。須菩提。於意云何。如來有所
說法不。須菩提白佛言。世尊。如來無

所說。須菩提。於意云何。三千大千世
界所有微塵。是為多不。須菩提言。甚
多。世尊。須菩提。諸微塵。如來說非微
塵。是名微塵。如來說世界。非世界。是
名世界。須菩提。於意云何。可以三十
二相見如來不。不也。世尊。不可以三
十二相得見如來。何以故。如來說三

十二相。即是非相。是名三十二相。須菩提。若有善男子善女人。以恆河沙等身命布施。若復有人。於此經中。乃至受持四句偈等。為他人說。其福甚多。

離相寂滅分第十四

爾時須菩提。聞說是經。深解義趣。涕

淚悲泣。而白佛言。希有世尊。佛說如
是甚深經典。我從昔來所得慧眼。未
曾得聞如是之經。世尊。若復有人。得
聞是經。信心清淨。即生實相。當知是
人。成就第一希有功德。世尊。是實相
者。即是非相。是故如來說名實相。世
尊。我今得聞如是經典。信解受持。不

足為難。若當來世。後五百歲。其有眾
生。得聞是經。信解受持。是人即為第
一希有。何以故。此人無我相。無人相。
無眾生相。無壽者相。所以者何。我相
即是非相。人相眾生相壽者相。即是
非相。何以故。離一切諸相。即名諸佛。
佛告須菩提。如是如是。若復有人。得

聞是經。不驚不怖不畏。當知是人。甚
為希有。何以故。須菩提。如來說第一
波羅蜜。即非第一波羅蜜。是名第一
波羅蜜。須菩提。忍辱波羅蜜。如來說
非忍辱波羅蜜。是名忍辱波羅蜜。何
以故。須菩提。如我昔為歌利王割截
身體。我於爾時。無我相。無人相。無眾

生相。無壽者相。何以故。我於往昔節
節支解時。若有我相。人相。眾生相。壽
者相。應生瞋恨。須菩提。又念過去於
五百世。作忍辱仙人。於爾所世。無我
相。無人相。無眾生相。無壽者相。是故
須菩提。菩薩應離一切相。發阿耨多
羅三藐三菩提心。不應住色生心。不

應住聲香味觸法生心。應生無所住
心。若心有住。即為非住。是故佛說菩
薩心。不應住色布施。須菩提。菩薩為
利益一切眾生。故應如是布施。如來
說一切諸相。即是非相。又說一切眾
生。即非眾生。須菩提。如來是真語者。
實語者。如語者。不誑語者。不異語者。

須菩提。如來所得法。此法無實無虛。
須菩提。若菩薩心住於法而行布施。
如人入闇。即無所見。若菩薩心不住
法而行布施。如人有目。日光明照。見
種種色。須菩提。當來之世。若有善男
子善女人。能於此經受持讀誦。即為
如來。以佛智慧。悉知是人。悉見是人。

皆得成就無量無邊功德。

持經功德分第十五

須菩提。若有善男子善女人。初日分以恆河沙等身布施。中日分復以恆河沙等身布施。後日分亦以恆河沙等身布施。如是無量百千萬億劫。以身布施。若復有人。聞此經典。信心不

逆。其福勝彼。何況書寫受持讀誦。為
人解說。須菩提。以要言之。是經有不
可思議。不可稱量。無邊功德。如來為
發大乘者說。為發最上乘者說。若有
人能受持讀誦。廣為人說。如來悉知
是人。悉見是人。皆得成就不可量。不
可稱。無有邊。不可思議功德。如是人

等。即為荷擔如來阿耨多羅三藐三
菩提。何以故。須菩提。若樂小法者。著
我見人見眾生見壽者見。即於此經。
不能聽受讀誦。為人解說。須菩提。在
在處處。若有此經。一切世間天人阿
修羅。所應供養。當知此處。即為是塔。
皆應恭敬。作禮圍繞。以諸華香而散

其處。
能淨業障分第十六
復次。須菩提。善男子善女人。受持讀
誦此經。若為人輕賤。是人先世罪業。
應墮惡道。以今世人輕賤故。先世罪
業。即為消滅。當得阿耨多羅三藐三
菩提。須菩提。我念過去無量阿僧祇

劫。於燃燈佛前。得值八百四千萬億那由他諸佛。悉皆供養承事。無空過者。若復有人。於後末世。能受持讀誦此經。所得功德。於我所供養諸佛功德。百分不及一。千萬億分。乃至算數譬諭所不能及。須菩提。若善男子善女人。於後末世。有受持讀誦此經。所

得功德。我若具說者。或有人聞。心即
狂亂。狐疑不信。須菩提。當知是經義。
不可思議。果報亦不可思議。
究竟無我分第十七
爾時須菩提白佛言。世尊。善男子善
女人。發阿耨多羅三藐三菩提心。云
何應住。云何降伏其心。佛告須菩提。

善男子善女人。發阿耨多羅三藐三
菩提心者。當生如是心。我應滅度一
切眾生。滅度一切眾生已。而無有一
眾生實滅度者。何以故。須菩提。若菩
薩有我相人相眾生相壽者相。即非
菩薩。所以者何。須菩提。實無有法。發
阿耨多羅三藐三菩提心者。須菩提。

於意云何。如來於燃燈佛所。有法得
阿耨多羅三藐三菩提不。不也。世尊。
如我解佛所說義。佛於燃燈佛所。無
有法得阿耨多羅三藐三菩提。佛言。
如是如是。須菩提。實無有法。如來得
阿耨多羅三藐三菩提。須菩提。若有
法。如來得阿耨多羅三藐三菩提者。

燃燈佛即不與我授記。汝於來世。當
得作佛。號釋迦牟尼。以實無有法。得
阿耨多羅三藐三菩提。是故燃燈佛
與我授記。作是言。汝於來世。當得作
佛。號釋迦牟尼。何以故。如来者。即諸
法如義。若有人言。如來得阿耨多羅
三藐三菩提。須菩提。實無有法。佛得

阿耨多羅三藐三菩提。須菩提。如來
所得阿耨多羅三藐三菩提。於是中
無實無虛。是故如來說一切法。皆是
佛法。須菩提。所言一切法者。即非一
切法。是故名一切法。須菩提。譬如人
身長大。須菩提言。世尊。如來說人身
長大。即為非大身。是名大身。須菩提。

菩薩亦如是。若作是言。我當滅度無量眾生。即不名菩薩。何以故。須菩提。實無有法。名為菩薩。是故佛說一切法。無我無人無眾生無壽者。須菩提。若菩薩作是言。我當莊嚴佛土。是不名菩薩。何以故。如來說莊嚴佛土者。即非莊嚴。是名莊嚴。須菩提。若菩薩通達無我法者。如來說名真是菩薩。

一體同觀分第十八

須菩提。於意云何。如來有肉眼不。如

是。世尊。如來有肉眼。須菩提。於意云

何。如來有天眼不。如是。世尊。如來有

天眼。須菩提。於意云何。如來有慧眼

不。如是。世尊。如來有慧眼。須菩提。於

意云何。如來有法眼不。如是。世尊。如
來有法眼。須菩提。於意云何。如來有
佛眼不。如是。世尊。如來有佛眼。須菩
提。於意云何。如恆河中所有沙。佛說
是沙不。如是。世尊。如來說是沙。須菩
提。於意云何。如一恆河中所有沙。有
如是沙等恆河。是諸恆河所有沙數。

佛世界如是。寧為多不。甚多。世尊。佛告須菩提。爾所國土中。所有眾生。若干種心。如來悉知。何以故。如來說諸心。皆為非心。是名為心。所以者何。須菩提。過去心不可得。現在心不可得。未來心不可得。

法界通化分第十九

須菩提。於意云何。若有人滿三千大
千世界七寶。以用布施。是人以是因
緣。得福多不。如是。世尊。此人以是因
緣。得福甚多。須菩提。若福德有實。如
来不説得福德多。以福德無故。如來
説得福德多。
離色離相分第二十

須菩提。於意云何。佛可以具足色身
見不。不也。世尊。如來不應以具足色
身見。何以故。如來說具足色身。即非
具足色身。是名具足色身。須菩提。於
意云何。如來可以具足諸相見不。不
也。世尊。如來不應以具足諸相見。何
以故。如來說諸相具足。即非具足。是

名諸相具足。

非說所說分第二十一

須菩提。汝勿謂如来作是念。我當有所說法。莫作是念。何以故。若人言如來有所說法。即為謗佛。不能解我所說故。須菩提。說法者。無法可說。是名說法。爾時慧命須菩提白佛言。世尊。

頗有眾生。於未來世。聞說是法。生信
心不。佛言。須菩提。彼非眾生。非不眾
生。何以故。須菩提。眾生眾生者。如來
說非眾生。是名眾生。

無法可得分第二十二

須菩提白佛言。世尊。佛得阿耨多羅
三藐三菩提。為無所得耶。佛言。如是

如是。須菩提。我於阿耨多羅三藐三菩提。乃至無有少法可得。是名阿耨多羅三藐三菩提。

淨心行善分第二十三

復次。須菩提。是法平等。無有高下。是名阿耨多羅三藐三菩提。以無我無人無眾生無壽者。修一切善法。即得

阿耨多羅三藐三菩提。須菩提。所言
善法者。如來說即非善法。是名善法。
福智無比分第二十四
須菩提。若三千大千世界中。所有諸
須彌山王。如是等七寶聚。有人持用
布施。若人以此般若波羅蜜經。乃至
四句偈等。受持讀誦。為他人說。於前

福德。百分不及一。百千萬億分。乃至算數譬諭所不能及。

化無所化分第二十五

須菩提。於意云何。汝等勿謂如來作是念。我當度眾生。須菩提。莫作是念。何以故。實無有眾生如來度者。若有眾生如來度者。如來即有我人眾生

壽者。須菩提。如來說有我者。即非有

我。而凡夫之人。以為有我。須菩提。凡

夫者。如來說即非凡夫。是名凡夫。

法身非相分第二十六

須菩提。於意云何。可以三十二相觀

如來不。須菩提言。如是如是。以三十

二相觀如來。佛言。須菩提。若以三十

二相觀如來者。轉輪聖王。即是如來。須菩提白佛言。世尊。如我解佛所說義。不應以三十二相觀如來。爾時世尊而說偈言。若以色見我。以音聲求我。是人行邪道。不能見如來。

無斷無滅分第二十七

須菩提。汝若作是念。如來不以具足

相故。得阿耨多羅三藐三菩提。須菩
提。莫作是念。如來不以具足相故。得
阿耨多羅三藐三菩提。須菩提。汝若
作是念。發阿耨多羅三藐三菩提心
者。說諸法斷滅。莫作是念。何以故。發
阿耨多羅三藐三菩提心者。於法不
說斷滅相。

不受不貪分第二十八

須菩提。若菩薩以滿恒河沙等世界七寶。持用布施。若復有人。知一切法無我。得成於忍。此菩薩勝前菩薩所得功德。何以故。須菩提。以諸菩薩不受福德故。須菩提白佛言。世尊。云何菩薩不受福德。須菩提。菩薩所作福德。不應貪著。是故說不受福德。
威儀寂淨分第二十九
須菩提。若有人言。如來若来若去。若
坐若臥。是人不解我所說義。何以故。
如来者。無所從来。亦無所去。故名如
來。
一合理相分第三十

須菩提。若善男子善女人。以三千大
千世界。碎為微塵。於意云何。是微塵
眾。寧為多不。須菩提言。甚多。世尊。何
以故。若是微塵眾實有者。佛即不說
是微塵眾。所以者何。佛說微塵眾。即
非微塵眾。是名微塵眾。世尊。如來所
說三千大千世界。即非世界。是名世

界。何以故。若世界實有者。即是一合
相。如來說一合相。即非一合相。是名
一合相。須菩提。一合相者。即是不可
說。但凡夫之人。貪著其事。
知見不生分第三十一
須菩提。若人言。佛說我見人見眾生
見壽者見。須菩提。於意云何。是人解

我所說義不。不也。世尊。是人不解如
來所說義。何以故。世尊說我見人見
眾生見壽者見。即非我見人見眾生
見壽者見。是名我見人見眾生見壽
者見。須菩提。發阿耨多羅三藐三菩
提心者。於一切法。應如是知。如是見。
如是信解。不生法相。須菩提。所言法

相者。如來說即非法相。是名法相。
應化非真分第三十二
須菩提。若有人以滿無量阿僧祇世
界七寶。持用布施。若有善男子善女
人。發菩提心者。持於此經。乃至四句
偈等。受持讀誦。為人演說。其福勝彼。
云何為人演說。不取於相。如如不動。

何以故。一切有為法。如夢幻泡影。如露亦如電。應作如是觀。佛說是經已。長老須菩提。及諸比丘。比丘尼。優婆塞。優婆夷。一切世間。天人阿修羅。聞佛所說。皆大歡喜。信受奉行。